LE RÉFORMATEUR RÉFORMÉ.

LETTRE à M***.

A PARIS,

Par la Société des Libraires.

M. DCC. LVII.

LE
RÉFORMATEUR
RÉFORMÉ.

*LETTRE à M***.*

Ous voulez donc, Monſieur, ſa-
voir abſolument ce que c'eſt que
le Réformateur dont vous avez
entendu parler ; ſans pouvoir vous
en inſtruire à fond, je conſens vo-
lontiers à l'exécution de votre deſſein : me ſoumettre à vos volontés, me con-
former à vos déſirs, ce fut toujours ſatisfaire
mon inclination & mon gout.

Les plus améres critiques ne ſont jamais les
meilleures ; elles irritent toujours, corrigent
rarement : ſi je ne craignois qu'on m'accuſât
de répandre trop de fiel dans la mienne, je vous
ferois en trois mots l'éloge hiſtorique de cet
Ouvrage. La Finance, irritée, emploie ſon
crédit pour le faire condamner aux feux ven-
geurs ; l'Egliſe, léſée dans ſes membres & dans
ſes priviléges, médite de le proſcrire par ſes
cenſures : ce ne ſeroit encore rien ; c'en ſeroit même aſſez pour en augmenter aux yeux

A 2

du Public le prix & le mérite ; mais le pire de tout, c'est que j'ai vu des gens de bon gout & fort au fait, lui refuser leur suffrage.

Pour moi, plus circonspect lorsqu'il s'agit d'asseoir un jugement sur-tout aussi desavantageux, je laisse décider les plus hardis, & je me contente d'opposer avec modestie au projet de notre Réformateur, quelques remarques auxquelles l'Auteur, quoique fort éclairé sans doute, n'a pas fait suffisanment attention.

Cependant il ne pourroit trouver étrange quand on en useroit avec moins de ménagement ; ce ne seroit que lui rendre la pareille ; car il sait combien ses invectives sont accablantes & multipliées, combien ses accusations sont outrées, ses reproches sanglans.

Le Projet du Réformateur n'est pas de médiocre étendue : il s'agit de remédier à tous les abus ; & pour y réussir, il faut chasser la Finance, & imposer un vingtiéme sur tous les biens, abolir vingt-quatre Fêtes pour augmenter le profit des Particuliers & la richesse du Royaume, détruire tous les Couvents & extirper pour jamais en France la race Monachale ; avec leurs biens, augmenter le nombre & les revenus des Couvents de Chanoinesses pour des Demoiselles nobles, élever des Communautés de Sœurs de la Charité pour celles qui ne le sont pas, fonder des Hôpitaux dans un grand nombre de Paroisses du Royaume, suivre la mode des autres Nations pour le Commerce ; enfin, il faut réformer la Justice même, en supprimant tous les Tribunaux subalternes, c'est-à-dire, selon lui, tous ceux dont on peut appeller.

Vous voyez, Monsieur, que ce n'est pas là

une affaire de légére importance ; une réforme auſſi générale, devient intéreſſante pour le corps du Royaume.

Tout le monde n'enviſage pas les choſes de la même maniére ; ce qui paroit abuſif à celui-ci, quelquefois avec plus de raiſon, paroit à un autre utile & raiſonnable : je n'oſe juger du Réformateur ; mais tout ce qu'il veut corriger, ne paroit pas repréhenſible à mes yeux.

C'eſt la ſageſſe qui inſpire de réformer les abus ; mais la prudente politique dirige dans le choix du tems, des moyens, des circonſtances : elle apprend * *qu'il ne faut pas tout corriger ;* qu'une réforme trop ſévére & trop générale peut cauſer de plus grands maux que ceux qu'on vouloit réparer, & la ſageſſe ne la contredir pas.

Pour vous prouver donc que le Projet du Réformateur n'eſt pas celui d'un bon Politique, il ne faut, ſelon moi, que l'enviſager. Quoi ! tout-à-coup changer le gouvernement du Royaume & l'adminiſtration des biens, détruire les Fêtes, renverſer tous les Monaſtéres, ſupprimer la plus grande partie des Tribunaux, &c. Encore une fois, le Projet n'eſt pas bien concerté, ſi l'exécution en eſt dangereuſe.

Quand une Loi peut cauſer dans l'Etat un changement conſidérable & nuiſible, quoique cette Loi ſoit bonne en elle-même, & avantageuſe pour l'avenir, néanmoins il eſt de la ſageſſe & de la prudence du Monarque de ne pas preſcrire un réglement dont la nouveauté pourroit occaſionner de fâcheuſes révolutions. Lorſque Louis XIV. eut formé le deſſein de

* Eſprit des Loix, l. 19. c. 6.

révoquer l'Edit de Nantes, il ne consomma pas
son projet aussi-tôt après l'avoir conçu ; il di-
minua peu à peu les droits & les avantages des
Protestans, fit souvent gronder son tonnerre
sur leurs têtes, & ne leur porta le coup fatal
qu'après les y avoir préparés pendant plusieurs
années : ainsi se comporte un sage & prudent
Monarque. Pour notre Réformateur, il voudroit en un instant changer la face d'un Royaume : croit-il donc que la possibilité d'un projet est un garant de sa sagesse & de son exécution?

Au reste, il est faux que du sien il doive re-
venir à l'Etat un si grand avantage. Après
avoir tout innové, plus de Capitation, plus
de Tailles, Traitans chassés, Vingtiéme impo-
sé, Priviléges de l'Eglise abolis, &c. quel est
le résultat? le croiriez-vous, Monsieur? c'est
qu'il ne fait pas le Roi plus riche qu'il l'est
aujourd'hui.

Selon son sistême, le Roi jouiroit de trois
cens vingt-sept millions huit cens douze mille
cinq cens livres : ce n'est pas, vous pensez
bien, de plus que ce dont il jouit maintenant;
mais cette somme formeroit toutes les riches-
ses du Monarque. Or, sans avoir pénétré dans
les secrets du Trésor Royal, sans avoir calculé
scrupuleusement les revenus de Sa Majesté,
on peut dire que le Roi posséde un revenu au
moins aussi considérable que celui du Réformateur, & je ne suis qu'un éco de la voix publique, en disant qu'il jouit à peu près d'un mil-
lion par jour; ce qui fait environ trois cens
soixante millions.

Qu'est-il donc nécessaire d'agiter toute la
France, d'en troubler les habitans, d'étonner

fes voifins, de faire naître des foupçons à l'étranger, fans que le Prince en devienne plus riche?

Mais il faut de l'équité : le Réformateur fuppofe que les trois cens vingt-fept millions huit cens douze mille cinq cens livres entreront dans les coffres du Roi, déduction faite de tous les frais de régie; au lieu que fur les trois cens foixante millions que nous donnons au Roi, il faut diminuer le payement de tous ceux qui font chargés de la perception de fes deniers; & comme trente millions qui font l'excédent de trois cens vingt-fept millions à trois cens foixante ou environ, ne fuffifent pas pour tous les payemens, il faut conclurre avec le Réformateur, que le Roi feroit plus riche, fuivant fon Projet, que fi les chofes demeuroient comme elles font.

A cela je dis premiérement, eft-il aifé de prouver que les trente millions que nous fuppofons être la différence des deux fommes, ne fuffifent pas pour fubvenir aux frais de perception? Secondement, fuppofé que dans l'état actuel de l'adminiftration, cette fomme ne fuffife pas, eft-il démontré qu'elle ne pourroit fuffire en faifant quelques réformes? Troifiémement, quand même il feroit prouvé que les frais de perception excédent néceffairement la fomme de trente millions, & que par conféquent le Roi trouveroit un avantage dans le fiftême du Réformateur, cet avantage feroit-il affez confidérable pour déterminer le Prince à caufer un tel changement dans fon Royaume? L'Auteur auroit donc dû oppofer le revenu actuel du Roi à celui dont il jouiroit dans fon fiftême, pour rendre palpable & fenfible le bénéfice que le Prince en retireroit, autrement il ne montre qu'un cahos, un bouleverſement, ſans dire, ni que le Roi ſeroit plus riche, ni de combien ſon revenu ſeroit augmenté : c'étoit là cependant le point déciſif, la raiſon déterminante ; mais l'Auteur aſſure que tout ira mieux dans ſon ſiſtême ; faut-il le croire ſur ſa parole ?

Quand même il auroit évidenment démontré que dans ſon ſiſtême le Roi augmenteroit ſes revenus de beaucoup, ce ne ſeroit pas un motif pour faire adopter ſon Projet : s'il eſt un moyen par lequel le Roi puiſſe également groſſir ſes revenus ſans rien innover, il eſt juſte de le préférer à tout autre ; la voie la plus ſimple eſt toujours la meilleure. Or, il eſt clair que ſi le Roi veut augmenter ſes revenus, il le peut facilement ; l'Auteur lui-même en fournit la preuve. Les Fermiers, dit-il, gagnent dix, quinze, vingt, cent pour cent ; il cite un exemple de la Ferme des huiles adjugée à neuf cens mille livres, dont les Entrepreneurs ont retiré trois millions quatre cens mille livres : delà il décide que puiſque les Fermiers s'enrichiſſent outre meſure, il faut les détruire, & en éteindre juſqu'au nom ; & moi je conclus que ſi le Roi veut faire paſſer cet argent dans ſes coffres, il peut augmenter le prix de la Ferme, & ne laiſſer aux Fermiers que ſix ou huit pour cent, au lieu des trente, quarante & cent qu'ils retirent, en portant la Ferme à un taux ſur lequel il ne ſera pas poſſible de tirer des intérêts ſi exceſſifs, alors tout le bénéfice que les Traitans en retirent aujourd'hui, retourneroit au profit du Roi.

Fort bien, direz-vous ; mais par ce moyen,

bientôt personne ne voudra plus traiter avec le Roi. Quoi! toujours avancer son argent, s'exposer au danger presque inévitable de perdre, que feroit naître un rehauffement confidérable des Fermes, ne pas être flatté par le doux efpoir du gain; à de pareilles conditions, où trouver des Traitans?

Il eft facile d'obvier à cet inconvénient: fi d'un côté on diminue l'efpérance du gain, il eft jufte, d'un autre, d'éloigner les frayeurs de la perte; c'eft ce qu'on feroit, fi, après avoir rehauffé les Fermes, on affuroit aux Traitans un intérêt capable de les tranquilifer fur ce point. Otez donc aux Traitans la crainte de perdre, par l'affurance d'un intérêt honnête; augmentez la Ferme de façon à les mettre dans l'impoffibilité d'un lucre exceffif; laiffez-leur cependant la perfpective d'un gain poffible, & vous avez le reméde aux abus de la finance; car, Monfieur, il ne doit pas être queftion de détruire les gens d'affaire. `` Ce genre d'Offi-
,, ciers eft un mal néceffaire dont on ne fau-
,, roit fe paffer; * mais il faut les réduire à
,, des termes fupportables; ,, c'eft là le point effentiel.

Sans chaffer les Financiers pour impofer un vingtiéme général, fuivant le Projet du Réformateur, on peut encore empêcher d'une autre maniére les gains exceffifs des Traitans. Que les Fermes du Roi ne foient point adjugées à un prix fixe; que les Fermiers les faffent valoir; qu'on leur faffe rendre des comptes; qu'on leur accorde un intérêt, lequel augmenteroit ou diminueroit à proportion de l'augmen-

* Teft. pol. c. 4. fect. 5.

tation ou de la diminution du produit de la Ferme; par ce moyen il feroit poffible que les Traitans s'enrichiffent auffi confidérablement qu'ils font aujourd'hui, parce que l'intérêt que le Roi leur accorderoit feroit réduit à de juftes bornes; ils ne pourroient travailler à faire valoir la Ferme fans augmenter le produit de ce qui reviendroit au Roi.

Mais, reprend notre Anti-Partifan, il eft des raifons puiffantes pour changer la forme de l'adminiftration & exterminer à jamais tous les gens d'affaire. Un Prince ne confidére pas toujours fon avantage particulier; Pere & Roi tout enfemble, il doit veiller au bien de fes Sujets, anéantir ces Maltotiers impitoyables, tigres affamés, qui, peu contens du profit légitime qu'ils pourroient retirer des traités, faignent encore les Peuples par leurs exactions, augmentent les droits, les impôts pour doubler leurs revenus, inventent tous les jours de nouveaux fiftêmes pour arracher à la veuve & à l'indigent le pain qui les nourrit; fangfues infatiables, ils s'engraiffent du fang de leurs freres, ils s'enrichiffent à force de rapines, diminuent les richeffes d'un Etat en s'efforçant de les abforber toutes, & fapent infenfiblement les fondemens du corps de la Monarchie, en fe rendant maîtres & poffeffeurs injuftes du ciment précieux par lequel il fe foutient.

Soit qu'il faille concevoir des Gens de Finance des idées fi odieufes, faut-il pour cela les détruire? La bonne Logique n'exige pas cette conféquence: ils volent, ils pillent; Barriére infurmontable, oppofez-vous à leurs rapines; mais j'ai peine à comprendre avec le Réformateur, que pour remédier aux abus d'une

Loi, d'une forme d'administration, il fût néceffaire d'abolir la Loi, de renverfer cette forme. Si donc il eft des moyens pour corriger
les abus fans le renverfement de la forme établie, il faut les choifir; c'eft la voie la plus
fimple. Or, qui doute qu'on ne puiffe s'oppofer aux abus de la Finance? Ces gains exceffifs,
ces fortunes furprenantes feroient plus rares, fi
on augmentoit le prix des Fermes. Secondement, fi on ne leur accordoit qu'un intérêt capable d'accroiffement ou de diminution, fuivant le produit de la Ferme. Troifiémement, *
„ fi on les réduit au moindre nombre qu'il
„ fera poffible, „ moins ils feront d'intéreffés,
moins d'affamés à raffafier, moins de familles
à enrichir. Quatriémement, fi dans un court
efpace de tems, ils s'aggrandiffent de façon à
faire foupçonner leur fidélité, le Prince feroit
autorifé à s'emparer de leurs biens, & à leur
faire reftituer des richeffes injuftement aquifes.†

D'ailleurs, il eft faux que tous les Gens de
Finance méritent les titres odieux & deshono-
rans dont les charge le Réformateur. Si par la
teneur des baux, ils retirent un profit confidérable, il peut n'être pas injufte : “ s'ils font
„ riches & puiffans par leur Patrimoine, §
„ cette voie n'eft pas criminelle : s'ils le font
„ par les gratifications du Prince, leur en fera-
„ t'on un crime? „ Par les recompenfes ac-
cordées à leurs fervices, ce moyen eft irrépro-
chable. Avec tout le Public, j'ai d'un M***
& de plufieurs autres, l'idée que fait concevoir
la probité connue : un fordide intérêt, un gain

* Teft. pol. c. 4. fect. 5.
† Ibidem.
§ Ibidem.

illégitime ne peut se concilier avec la grandeur
de sentiment & l'équité qui les caractérisent.
Si parmi eux il s'en trouve , comme on ne
peut en douter, qui par leurs exactions, leurs
injustices, leurs usures, s'attirent à juste titre
l'indignation publique, le Ministre peut s'instruire, aussi-bien au moins que le clair-voyant
Réformateur, du désordre que causent ces avi-
des mercénaires ; & ne peut-on y remédier
qu'en suivant son projet de réforme?

Abolissez vingt-quatre Fêtes, dit notre Réformateur : à ce discours ne vous semble-t'il
pas, Monsieur, que nous allons bientôt changer de Religion? Si d'abord on propose hardi-
ment d'abolir vingt-quatre Fêtes, je craindrois
fort qu'une autre fois on ne se croie autorisé
à demander l'abolition de toutes les autres, &
en effet ce doit être naturellement son but. Il
demande qu'on en supprime vingt-quatre, afin,
dit-il, de mettre le pauvre plus à l'aise en lui
permettant de travailler , afin de rendre le
Royaume plus florissant par la culture des Arts
& des Terres; mais il est clair que les Particuliers retireront un plus grand bénéfice, &
que le Royaume deviendra plus florissant si
toutes les Fêtes sont abolies. Un peu plus d'a-
mour de la Patrie dans le cœur, il n'auroit pas
hésité à faire ce pas en avant, & à demander
en une fois ce qu'il se propose sans doute de
demander en deux.

Au reste, Monsieur, je doute fort qu'il ob-
tienne plutôt l'abolition de vingt-quatre que de
toutes les autres; cette demande est au moins
téméraire. On n'ignore pas que la Religion diminue beaucoup aujourd'hui : non-seulement
les doctes se font une espèce de point d'hon-

neur de ne rien croire de ce qu'elle enseigne,
de ne rien pratiquer de ce qu'elle ordonne,
mais la corruption habile à se répandre, se glisse
de l'esprit de ceux-ci dans le cœur des Peuples
ignorans : il n'est pas nécessaire de dire combien il est important d'empêcher que cet esprit
d'irréligion ne s'accroisse ; la bonne politique
doit s'y opposer autant que la Religion même :
il est donc de la mauvaise politique de propo-
ser un projet qui ne tend qu'à la détruire, &
tel est celui du Réformateur. Non, ce n'est
point dans les champs, ni dans les fatigues d'un
pénible travail que germe la piété dans le cœur
des Ouvriers & des Gens de la campagne ; c'est
dans les Eglises, où ils se rassemblent, qu'ils
s'élévent un peu au-dessus d'eux-mêmes, qu'ils
s'instruisent, qu'ils pensent à Dieu, & qu'ils
forment des résolutions de bonne conduite :
hors des Temples, ces hommes grossiers & ma-
tériels sont entiérement occupés, ou d'affaires
temporelles, ou de leurs plaisirs, & oublient
bientôt, & leur devoir, & Dieu : les mettre
dans le cas de renouveller moins souvent le
peu de piété qui leur reste, c'est la déraciner
tout-à-fait.

Touché par la misére de ces pauvres gens,
qui, obligés de vivre du travail de leurs mains,
se trouvent réduits à l'indigence lorsqu'il se
rencontre dans une semaine quatre ou cinq
Fêtes, s'il eût exposé qu'une suite de jours où
le travail est défendu, les met dans l'impossibi-
lité de subvenir à leurs plus pressans besoins,
moins encore à ceux d'une nombreuse famille,
un motif aussi raisonnable eût été de nature à
être écouté : c'est là sans doute la raison qui a
engagé le Pape regnant à en supprimer plu-

fieurs : car, " quand la Religion ordonne la
„ ceſſation du travail, elle doit avoir égard aux
„ beſoins des hommes & à la grandeur de l'E-
„ tre qu'elle honore; * „ mais comme il auroit fallu ſe contenter de la ſuppreſſion de cinq
ou ſix Fêtes dans l'année, cela ne ſuffiſoit pas
à notre Réformateur; c'eût été rétrécir ſes idées.

Il a ſes raiſons cependant, jugez de leur force. Ce nombre conſidérable de Fêtes, dit-il,
ne ſert qu'à occaſionner la dépenſe & le déſor-
dre; les cabarets ſont remplis, ils diſſipent leur
argent, ils pouſſent le divertiſſement juſqu'à la
débauche, & par leurs excès, ſe mettent hors
d'état de pouvoir travailler le lendemain; tout
cela êſt au mieux : mais penſez-vous qu'il ſoit
abſolument néceſſaire de ſupprimer vingt-quatre
Fêtes pour empêcher les excès dont il gémit?
Ne peut-on y mettre ordre par quelque autre
moyen? Oui ſans doute, & notre Réformateur
n'en diſconviendra pas : il indique lui-même
qu'on peut impoſer une amende envers les Ta-
verniers qui ſouffrent ces déſordres, & enjoin-
dre aux Juſticiers d'y veiller avec ſoin; par-là,
ſans y penſer, il rend ſa demande inutile. C'é-
toit apparenment pour y remédier plus efficace-
cement : pouvoit-il mieux s'y prendre pour empêcher les déſordres qui arrivent les jours de
Fêtes, qu'en leur ôtant le nom de Fêtes? Il
falloit quelque choſe de plus, ce me ſemble;
la ſuppreſſion de vingt-quatre Fêtes ne ſuffit
pas : il eût dû demander celle de tous les Di-
manches; car les cabarets ne ſont pas moins
viſités pendant ces jours, & ils le ſeront encore
davantage, la dépenſe y ſera plus grande, ſi
les vingt-quatre Fêtes ſont ſupprimées.

* Eſp. des Loix, l. 24. c. 23.

Enfin, je fuis furpris que notre deſtructeur de
Fêtes ne fe foit pas apperçu, qu'en cherchant
le bénéfice des uns, il s'oppofoit à l'intérêt
des autres : obliger ceux-ci à dépenfer moins
& à gagner davantage, c'eſt empêcher ceux-là
de débiter leur vin & leurs denrées ; c'eſt de
plus, être contraire aux intérêts de Sa Majeſ-
té ; car plus il fe débite de denrées, plus le
profit du Roi eſt augmenté.

Quant aux Moines, après les avoir dépeints
fous les plus noires couleurs, il conclut d'un
ton d'oracle ; éteignez-en la race. " Il eſt de
,, la prudence d'arrêter le trop grand nombre
,, de Monaſtéres nouveaux qui s'établiſſent....
,, Il faudroit être prévenu d'un zéle trop in-
,, diſcret pour ne pas connoître que l'excès en
,, eſt incommode, & qu'il pourroit venir à un
,, tel point, qu'il feroit ruineux. *
Ce feroit être animé d'un efprit de parti,
de ne pas avouer qu'il feroit avantageux de diminuer le nombre des Couvents & des Moines. Mais telle eſt la façon de raifonner du
Réformateur : on pourroit fupprimer quelques
Monaſtéres ; donc il faut les fupprimer tous :
vous l'avez déja vu tirer des conféquences
auſſi judicieufes ; il n'eſt pas néceſſaire de vous
en faire fentir le défaut.

Il fuffit de réfléchir un peu pour comprendre
combien il feroit dangereux de fupprimer tous
les Monaſtéres. Quel coup pour la Religion !
quel fcandale pour les Fidéles ! quelle joie pour
les Hérétiques ! autant il feroit avantageux d'en
diminuer le nombre, autant il feroit impru-
dent & dangereux de les fupprimer tous. " Il †

* Teſtam. pol. c. 2, fect. 8.
† Ibidem.

„ faut être ou méchant ou aveugle pour ne
„ voir & n'avouer pas que les Religions font
„ non - feulement utiles, mais même néces-
„ faires.

De quelle utilité font les Moines, pourfuit leur adverfaire la foudre à la main? À l'ombre du Cloître ils coulent des jours oififs dans la molleffe, les plaifirs & fouvent dans le crime: il n'eft pas de foi, ni de commandement divin, ni néceffaire à falut de fe faire Moine; le Roi dans fes Etats, eft le Chef & le fouverain Légiflateur après Dieu; il eft obligé de veiller à l'avantage & à la profpérité de fon Empire. Rendez donc à la Société tous ces membres inutiles; ils la feront fleurir par leurs travaux, leur induftrie, fourniront des Sujets à l'Etat, & *augmenteront la Nation dont ils anéantiffent la quarantiéme partie, fans pouvoir la réparer.*

Tel eft aujourd'hui l'unique but qu'on fe propofe, l'avantage temporel de l'Etat. Si le flambeau de la Religion éclairoit un peu plus le Zélateur dans fa réforme, il auroit pu découvrir de quelle utilité font les Religieux dans un pays Catholique. On fait, & on affecte trop d'ignorer que ces perfonnes confacrées à Dieu, fervent l'Etat, l'Eglife & la Religion par leurs priéres, leurs exemples, & par la bonne odeur des vertus chrétiennes qu'ils répandent parmi les Peuples. Pour le foutien de la Religion, pour l'édification des fidéles, il faut laiffer des exemples vivans de vertu, de fainteté, de pénitence, de charité, de renoncement à foi-même; la perfection de leur état répare le défaut de la conduite de quelques particuliers: enfin, c'eft au moins un ornement néceffaire

dans

dans un Royaume, où la plus fainte & la plus parfaite de toutes les Religions eft en vigueur. De plus, il eft faux que les Moines confidérés comme Membres de la Société, foient tout-à-fait inutiles. Ne les voit-on pas dans les villes & dans les campagnes travailler, avec zéle, à la vigne du Seigneur, & fe livrer aux fatigues des Miffions? miniftére que la politique devroit eftimer autant que la Religion, principalement pour l'extirpation de l'héresie : ils prêchent, ils confeffent, ils enfeignent; n'eft-ce pas fervir la Patrie & la Société felon leur état? Que de Congrégations ont été des pépiniéres de grands hommes! Que d'excellens Ouvrages font fortis de la plume des Religieux Bénédictins! Combien de Savans n'a pas fourni la Société des Jéfuites! Non, ce ne font pas là des membres inutiles.

Il faut l'avouer cependant, les Religieux ne font plus ce qu'ils ont été : grand nombre, par leur mauvaife conduite, font d'un pernicieux exemple : ils détruifent dans le champ du Seigneur au lieu d'édifier. Diminuez donc le nombre des Moines, & fur-tout des Couvents; veillez à l'obfervation des Régles; ne les laiffez jamais oififs; que la priére & le travail les occupent fucceffivement; enjoignez aux Evêques & aux Généraux d'Ordres d'y tenir févérement la main, & vous aurez des Moines ce que vous devez en attendre.

On fait que le Roi dans fes Etats, eft le fouverain Légiflateur; qu'il n'a qu'à vouloir & commander pour être obéi : s'il vouloit ufer de tout fon pouvoir, il feroit changer tous les jours de face à fon Royaume; mais s'il eft certain qu'un Monarque peut tout ce qu'il veut, la prudence & la Religion lui permettent-elles toujours de faire tout ce qu'il peut? Accordons donc au Réformateur tous les principes qu'il a posés : il ne s'agit que d'en faire la juste application ; que le Prince est tout-puissant ; qu'il doit chercher le bien de l'Etat; que les choses qui ne sont pas de Foi ni d'institution divine, ni nécessaires à salut, sont susceptibles d'innovation ; nous serons encore bien éloignés de la conséquence qu'il en tire. Auroit-on bonne grace à raisonner ainsi? Le Roi est tout-puissant. Il seroit avantageux pour l'Etat, que les Prêtres fussent mariés. Il n'est pas de Foi, ni d'institution divine qu'ils ne puissent contracter cet engagement pour le bien général : le Roi doit donc, au mépris des Loix de l'Eglise, obliger les Prêtres à se marier. Le célibat n'est pas d'institution divine, ni nécessaire pour se sauver. Il seroit avantageux pour la population, que tout le monde se mariât. Le Roi doit-il donc défendre à tous ses Sujets de garder la continence? doit-il les forcer à embrasser, malgré eux, cet état? Nos Philosophes célibataires crieroient bientôt à la tirannie. Si le Roi, pour des raisons que dicte l'humanité, ne peut les obliger à se marier pour des motifs que la Religion inspire, peut-il m'empêcher de me faire Moine? doit-il gêner ma vocation, s'opposer aux desseins de Dieu, contraindre mon inclination & mon gout?

Je n'insiste pas davantage sur ce point, & j'en conclus, que pour juger sainement des choses, il faut les combiner sous différens rapports, & ne pas s'arrêter à un point de vue unique : la suppression des Couvents de Religieux & Religieufes procureroit un avantage à l'Etat; mais quel trouble, quelle divifion ne faudroit-il pas appréhender? On fait combien la gent Monachale eft portée aux brigues & aux cabales; inftruite du projet de fa deftruction, jugez quels refforts ils feroient jouer au-dehors & au-dedans du Royaume; plus accrédités, plus puiffans que les Calviniftes, plus ftilés aux intrigues fecrétes, feroient-ils moins à craindre? On ne néglige rien quand il s'agit de conferver fon être. Dans l'intérieur du Royaume, que de difputes, de procès interminables! toutes Loix renverfées, peut-être les Provinces liguées, les Peuples animés : au-dehors, je vois les Princes, les Puiffances Séculiéres & Eccléfiaftiques employer leur crédit pour foutenir les Moines contre leur deftructeur, le Pape les protéger & les défendre avec chaleur. Qui fait s'il ne s'y oppoferoit pas avec force? qui fait, fi comme lors de la deftruction des Templiers, il ne voudroit pas fe porter feul juge? qui fait s'il voudroit fe prêter au changement & à l'emploi de leurs biens? En fuivant les régles établies par notre Droit Canonique, il faudroit agir de concert avec lui: s'il s'obftinoit à refufer, point d'autre moyen que de fronder fon autorité. Si une femme fut autrefois le fujet de la rupture entre l'Eglife & l'Angleterre, je ferois moins furpris que la fuppreffion de cinq cens mille Moines caufât le même malheur à la France.

Il ne faut pas craindre, après tout, que ce fiftême s'accrédite en France : chacun confidére l'utilité des Monaftéres felon fes intérêts; l'Eglife & la Religion ont les leurs; des priéres, des inftructions, de bons exemples, des Ecrits pour fa défenfe : les Particuliers, & fur-tout la Nobleffe s'oppoferont, pour des motifs plus humains, à la deftruction totale des Couvents. Vous favez combien de perfonnes trouvent dans le Cloître un azile : c'eft une reffource pour celles qui, peu favorifées de la nature & de la fortune, trouvent dans la retraite dont on leur infpire le gout, une confolation qui leur feroit refufée dans le monde : réduites par les disgraces de la fortune dans l'impoffibilité de vivre fuivant leur rang & leur état, elles n'euffent eu qu'à y fouffrir ; la Religion les couvre de fes aîles ; un voile répare leur défaut, les fouftrait à la honte de l'indigence ; un frere, une fœur s'enrichiffent de leurs dépouilles. Auffi a-t'on vu, il y a quelques années, la plus puiffante Nobleffe s'oppofer à la publication d'une Ordonnance, qui, felon elle, tenoit trop long-tems la porte des Couvents fermée : ils tiendront tête au Réformateur ; ils auront foin de fe réferver quelques Monaftéres.

A l'égard du Clergé, fans autre forme de procès, il eft foumis au Vingtiéme comme le refte des Sujets du Royaume. Le Prince eft tout-puiffant ; il en reviendra, dit-on, un avantage à l'Etat, il n'y a plus à balancer : mais les droits les plus facrés, les plus anciens, les priviléges les mieux fondés, les plus inviolablement établis, les promeffes les plus formelles, les plus autentiques, & plus d'une fois fcellées d'un ferment ; ces raifons ne pourront donc difpenfer le Clergé du Vingtiéme ? Point du tout ; il faut qu'il paie, qu'il fourniffe comme les autres. Offriroit-il des fubfides auffi forts & même plus que ce qu'un vingtiéme de leurs biens pourroit produire ? on ne les écoutera

point. Pour l'uniformité, il faut tout confon-
dre ; voilà la Réforme.

Vous ferez furpris, Monfieur, des prodigieux
revenus que donne au Clergé notre Réformateur : il ne les fait monter qu'à quatre cens neuf
millions fix cens mille livres, déduction faite
de cent deux millions pour leurs befoins. Il ne
faut pas craindre de lui dire que fon calcul eft
fort éloigné de la vérité; pour s'en convain-
cre, il fuffit de confulter un Auteur non fuf-
pect, on verra " que ceux qui ont examiné
,, cette matiére avec des yeux auffi févéres
,, qu'attentifs, n'ont pu porter les revenus de
,, toute l'Eglife Gallicane féculiére & régu-
,, liére au delà de quatre-vingt millions. ,, *
Comment une erreur auffi palpable pouvoit-
elle tomber fous la plume d'un homme qui veut
tout réformer? Peu content d'une accufation
auffi outrée, (je dis accufation, car on n'enfle
ainfi les richeffes de l'Eglife que pour lui en
faire un crime,) voici le parallèle qu'il inftitue :
,, On doit remarquer que le revenu du Cler-
,, gé, qui n'a ni troupes, ni places fortes à
,, entretenir, déduction faite de cent deux
,, millions pour fes befoins, monte clairement
,, & net à la fomme de quatre cens neuf mil-
,, lions fix cens mille livres ; & que le Roi,
,, pour toutes les dépenfes de l'Etat, n'en a
,, qu'environ trois cens millions : ainfi le Clergé
,, eft plus riche que le Souverain de cent neuf
,, millions fix cens mille livres. ,, Il eft aifé
de s'appercevoir que cette comparaifon n'eft
établie que dans le malicieux deffein de rendre
le Clergé odieux, & peut-être de perfuader

* Siécle de Louis XIV. tom. 3. c. 31.

que le Prince feroit autorifé à lui enlever une partie de fes biens : puifque la fuppofition eft fauffe, il ne faut pas en craindre les conféquences.

Mais n'importe, fuivons le Réformateur même lorfqu'il s'égare. Comparez aux revenus du Roi, les tréfors d'un millier de ces Richards du Royaume, le total de leurs revenus excédera celui du Roi. Peut-on leur en faire un crime ? y a-t'il un fondement de reproche ? feroit-ce un prétexte de les foupçonner & de les dépouiller de leurs biens ? Si fes efforts ne tendoient qu'à perfuader " qu'il eft jufte de met„ tre des bornes * aux richeffes du Clergé, „ on pourroit lui prêter une oreille attentive; mais cette affectation à groffir, outre mefure, les biens de l'Eglife ; ces accufations trop ufées de mauvais emploi des biens; ces reproches multipliés de richeffes immenfes, exorbitantes, font affez comprendre qu'on voudroit porter la réforme plus loin. Nous ne touchons pas à ce tems ; le Clergé n'aura pas fitôt quatre cens neuf millions fix cens mille livres; fes revenus repartis fur chaque tête, ne donnent encore qu'environ cent écus à chacun. C'eft fur-tout dans l'emploi de l'argent des Couvents fupprimés que brille notre Argus en fait d'abus.

„ 1°. Il veut qu'on conferve en domaines „ ou en revenus fixes des Menfes Abbatiales, „ pour donner aux cadets des Maifons illuf„ tres, qui fe vouent à l'état Eccléfiaftique, „ les moyens de fubfifter felon leur rang, juf„ qu'à ce qu'ils paffent à un Evêché.

---

* Efp. des Loix, l. 25. c. 5.

D'abord il eſt ſurprenant qu'un homme qui voudroit rétablir les tems de la primitive Egliſe, n'adjuge l'Epiſcopat, c'eſt-à-dire, les fonctions les plus difficiles, qu'aux ſeuls cadets des Maiſons illuſtres. Si les Apôtres qu'il appelle pour être témoins & pour gémir ſur les titres faſtueux de *Monſeigneur* & de *votre Grandeur* dont on honore les Prélats; ſi, dis-je, les Apôtres entendoient notre Réformateur, ne verſeroient-ils pas les larmes les plus améres en voyant que ceux qui veulent introduire la réforme dans l'Egliſe, s'éloignent ſi fort du véritable eſprit qui doit l'animer? Delà je vois une inconſéquence. On permet à ces nobles cadets de ſe revêtir d'une Abbaye, en attendant qu'ils paſſent à un Evêché, & ailleurs on regarde comme un adultére de quitter un Bénéfice pour en prendre un autre : enfin, il n'eſt pas raiſonnable de ſupprimer une partie des Abbayes, & de ne les accorder qu'à ceux qui ſont diſtingués par une illuſtre naiſſance ; on ſait que les perſonnes de ce rang, ſont faites pour parvenir aux plus hautes dignités, qu'elles leur ſont dûes de préférence à tous les autres; mais on ſait auſſi, que fondés ſur leur crédit, leur protection, c'eſt pour l'ordinaire ſans peine & ſans ſueur qu'ils y arrivent, & que les plus pénibles travaux ſont rarement de leur reſſort. Si donc ceux qui par le privilége de la naiſſance, ne ſont pas deſtinés aux premiéres faveurs, ne peuvent plus eſpérer comme recompenſe ce qu'ils ne pouvoient attendre comme un droit; ſi leurs travaux deviennent infructueux; ſi toute lueur d'eſpérance eſt éteinte, (ce qui arriveroit par la ſuppreſſion des Prieurés ſimples, d'une partie des Abbayes, & par l'excluſion aux au-

tres,) il est bien à craindre que l'émulation ne
se ralentisse, qu'ils ne perdent ce qui leur reste
de gout pour le travail, & qu'ils ne fassent plus
par l'amour du devoir, ce que la vue d'une recompense honorable & légitime leur auroit fait
entreprendre. L'état Ecclésiastique doit-il être
plus scrupuleux sur la Noblesse, plus indifférent
pour le mérite, que l'état Militaire? Si vous ne
leur accordez pas la réalité, par politique au
moins ne leur enlevez pas l'espoir; il faut mon-
trer l'appas de la recompense même à ceux qui
ne devroient pas y être sensibles: vous excitez
par l'intérêt ceux qui se vantent de ne gémir
sous le casque que pour l'honneur & la patrie;
offrez aussi des biens temporels à ceux qui ne
devroient travailler que pour le Ciel & pour
Dieu.

Secondement, on veut abolir tous les Bénéfices à simple tonsure, ou assujettir les Titulaires à les desservir personnellement. Là-des-
sus j'observe deux choses: la première, qu'on
ne peut assujettir les Titulaires de ces Bénéfices à exercer par eux-mêmes les fonctions Cu-
riales, la plupart n'ayant, comme on le sup-
pose, que la simple tonsure; la seconde, qu'une
grande partie de ces Prieurs ont perdu leurs
droits & leur jurisdiction: ils sont encore Curés primitifs; ils ont conservé le droit de nom-
mer à la Cure; mais s'ils vouloient la desservir
par eux-mêmes, le Curé seroit autorisé à s'y
opposer. Faudra-t'il donc chasser ce Pasteur
qui jouit paisiblement & légitimement de sa
Cure pour y placer M. le Prieur, qui, selon
l'Auteur même, est un ignorant, incapable de
gouverner & d'instruire?

Troisiémement, on compte, dit-il, en France,

ce, cinq cens mille perſonnes renfermées dans les Couvents, environ autant d'Eccléſiaſtiques. Ils ſont donc bien augmentés depuis cinquante-ſix ans; car " on comptoit en 1700. quatre-„ vingt-dix mille perſonnes Religieuſes, & en-„ viron cent ſoixante mille Eccléſiaſtiques. „ * De plus, il eſt certain que ce nombre diminue tous les jours; mais n'importe : ſuppoſons qu'on ne ſe ſoit pas trompé, les Moines étant ſupprimés par le Projet, il reſte encore environ cinq cens mille Eccléſiaſtiques; mais ſuivant la maniére dont l'Auteur diſpoſe les choſes, il eſt impoſſible de placer ces cinq cens mille Eccléſiaſtiques. Selon ſon calcul, il y a cent quarante & un Archevêché & Evêché, cent quarante mille Cures, (rabattez-en beaucoup, il s'en faut que chaque Evêque ait mille Cures dans ſon Diocéſe,) conſéquemment cent quarante mille Vicaires, tout au plus vingt mille Eccléſiaſtiques dans les Cathédrales & Collégiales; tout le reſte des Bénéfices eſt éteint, à l'exception de quelques Menſes Abbatiales pour les futurs Evêques : ainſi, à ce compte, il n'y aura que trois cens mille deux cens quarante & un Bénéfice en France, en ſuppoſant qu'il ne réſerve que cent Abbayes. Voilà donc dequoi faire vivre un peu plus de la moitié des Eccléſiaſtiques : que deviendront les autres ? Le même inconvénient ſubſiſte aujourd'hui, répondra-t'on : il y a beaucoup plus d'Eccléſiaſtiques que de Bénéfices, je l'avoue ; quel eſt donc l'avantage de ſon Projet ? falloit-il, en apportant la réforme, propoſer un arrangement où regneroit le même embarras ?

* Siécle de Louis XIV. tom. 3. c. 31.

C

Quatriémement, il faut augmenter le nombre & le revenu des Abbayes fondées en faveur des Dames de la haute Nobleſſe, les adminiſtrer à l'inſtar des Chanoineſſes, & n'y recevoir que des filles de Gentilshommes : pour celles qui ne feront point nobles, & qui voudront ſe conſacrer à Dieu plus particuliérement, elles pourront entrer dans des Communautés d'Hoſpitaliéres ou de Sœurs de la Charité. N'admirez-vous pas l'ordre de cette réforme, Monſieur ? & ne vous paroit-il pas bien dur de ne donner d'autre choix à tant de filles de familles très-honorables, que d'être Hoſpitaliéres ou Sœurs de la Charité ? Mais on leur permettra de ſe mettre en penſion chez les Chanoineſſes : & ſi elles n'ont pas dequoi s'y ſoutenir ; ſi elles veulent renoncer entiérement au monde, & ſuivre leur vocation par la retraite ? Il n'y a point à choiſir, il faut ſe faire Sœur Griſe, il faut ſe réſoudre à ſervir les pauvres & les malades : tout le monde cependant n'a pas d'inclination pour ce vertueux & pénible exercice ; n'importe, il n'y a pas d'autre parti à prendre. On devoit bien ſe ſouvenir que le caractére de ce ſexe eſt ennemi de la contrainte : ne vouloir que des Sœurs Griſes, c'eſt n'en vouloir aucune.

Cinquiémement, on réduira tous les Curés à cent piſtoles : encore leur défend-t'on de jouir du caſuel : l'affaire ſeroit bonne pour les pauvres Curés à portion congrue ; mais elle me paroit outrée pour ceux des Bourgs, petites Villes, gros Villages ; c'eſt les mettre hors d'état de ſoulager les pauvres de leurs Paroiſſes, de ne leur laiſſer qu'un revenu ſuffiſant à peine pour eux. Si c'étoit le but de l'Auteur de ne leur accorder que le néceſſaire, prétend-t'il auſſi pouvoir les diſpenſer de faire l'aumône? ne voit-il pas qu'il les met dans l'impoſſibilité de s'attirer par leurs largeſſes, le reſpect, la confiance & la tendreſſe de leurs Paroiſſiens? Si les Hôpitaux qu'il établit par-tout, exemptoient le Curé de ce devoir, on ne lui feroit pas ce reproche; mais les Hôpitaux retirent ceux qui ſont malades, & ne fourniſſent pas dequoi ſoulager ceux qui en ſanté ſont dans l'indigence; ils ne réparent pas le malheur d'une récolte infructueuſe, ne nourriſſent pas une nombreuſe famille, ni ceux qui manquent de travail.

Sur l'exercice de la Juſtice, notre Réformateur a des idées auſſi juſtes que ſur le reſte : il crie beaucoup ſur les délais qui croiſſent & multiplient les affaires, & mettent les Juges dans l'impoſſibilité de ſatisfaire les Particuliers; il n'a pas tort en cela : il répand ſa bile contre les Procureurs & autres Officiers, qui, à force de détours, de chicanes, groſſiſſent les fraix inutilement pour les Plaideurs qui les paient, injuſtement pour ceux qui les reçoivent; il a raiſon ; mais il veut de plus qu'on aboliſſe les Tribunaux ſubalternes, dont un ſeul fait lui découvre tous les abus. Une Payſanne, pour la ſomme de quinze livres qui lui étoient légitimement dûes, plaida de Tribunal en Tribunal, perdit au dernier les quinze livres qu'on lui devoit, cinq cens livres de fraix, & ſe noya de déſeſpoir. C'en eſt aſſez pour décider qu'il faut ſupprimer tous les Tribunaux inférieurs : cela poſé, on ne plaidera plus qu'à un Tribunal, duquel on ne pourra point appeller. Comment, ſi tous ces différens dégrés de Juſtice ſont détruits, le Particulier pourra-t'il ſe

tranſporter pour venir défendre ſon droit?
N'en doutez pas, Monſieur : cette pauvre Payſanne, pour ne pas dépenſer en plaidoiries plus
que la ſomme de quinze livres qu'elle récla-
moit, l'auroit plutôt abandonnée. Que d'injuſ-
tices cette deſtruction de Tribunaux n'occa-
ſionneroit-elle pas? Un eſprit moins bouillant,
plus juſte ou plus attentif que celui du Réformateur, auroit pu ſe contenter de demander
pour la commodité & la tranquilité des Particuliers, que les mêmes Tribunaux ſubalternes
puiſſent juger en dernier reſſort des affaires
dont le fonds n'eſt pas conſidérable ; par ce
moyen, l'abus contre lequel il ſe déchaine,
ſeroit réparé.

Il faut enfin finir, Monſieur ; je ne puis m'arrêter à tout : vous voyez par les ſiſtêmes de
ce Novateur ſur le Gouvernement, que ſon
imagination l'a plus ſouvent emporté que ſon
jugement ne l'a conduit : impétueux, exceſſif,
il me paroit homme à faire arracher le plus bel
arbre de ſon verger, parce qu'il y apperçoit
une feuille morte ; à renverſer ſa maiſon, parce
que la cheminée fume : entrainé par un gout
de nouveauté qui regne dans ce ſiécle, il ne
s'eſt pas contenté de vouloir remédier aux
abus ; il a voulu les réformer d'une nouvelle
maniére : grand partiſan des modes, peut-être
par eſprit de changement, c'eſt, à ſon avis, un
moyen d'augmenter & de ſoutenir le Commerce. Qu'il approuve les modes dans les habits,
dans les parures ; mais, en vérité, c'eſt pouſ-
ſer les choſes un peu trop loin, de vouloir les
introduire juſques dans la forme du Gouvernement.

J'ai l'honneur d'être, &c.